Les OISEAUX de cage et de volière

101 TRUCS ET CONSEILS

Les OISEAUX de cage et de volière

EDITIONS FONTAINE

Un livre de Dorling Kindersley

Première édition en Grande-Bretagne en 1996 par
Dorling Kindersley Limited
9, Henrietta Street, Londres

Dépôt légal : Février 1997
Traduction et adaptation : Docteur vétérinaire Philippe de Wailly
Composition, mise en page : Studio Michel PLUVINAGE
Imprimé en Italie

ISBN 2 84270 012 0

EDITIONS FONTAINE

36, rue Fontaine - 75009 Paris
Tél. 01 49 70 15 55

TRUCS ET CONSEILS

101

PAGES 24 À 29

L'ALIMENTATION DES OISEAUX

PAGES 30 À 37

HYGIÈNE ET SANTÉ

PAGES 38 À 39

LA REPRODUCTION

PAGES 40 À 45

PETITS EXOTIQUES

PAGES 46 À 47

Canaris et Serins

PAGES 48 À 53

Insectivores

PAGES 54 À 57

Perruches Ondulées

PAGES 58 À 63

Grandes Perruches

PAGES 64 À 69

Perroquets et Cacatoès

Index

CHOISIR UN OISEAU

1 TYPES D'OISEAUX

Avant d'acquérir un oiseau, vous devez savoir quel type de compagnon vous désirez et où vous allez l'installer. Dans une cage d'appartement ou dans une volière extérieure ? Souhaitez-vous un oiseau à qui vous apprendrez à parler ou un oiseau chanteur ? Envisagez-vous de constituer un élevage et de participer à des expositions ?

Un plumage brillant est un signe de bonne santé.

▽ PERROQUETS ET CACATOÈS
Pris jeunes et élevés à la main ils peuvent devenir des compagnons merveilleux, capables d'imiter de nombreux sons. Leur durée de vie est comparable à celle de l'homme. Leur entretien est relativement onéreux et ils peuvent s'avérer bruyants et destructeurs.

AMAZONE À FRONT JAUNE

Chez les perruches ondulées, les cires (zones dénudées situées au-dessus du bec et autour des narines) de couleur bleue permettent de distinguer les mâles.

PERRUCHE ONDULÉE BLEU CIEL À AILES GRISES

Le plumage bleu ciel est la nuance la plus claire.

PERRUCHES ONDULÉES ▷
Les perruches ondulées sont des compagnons très populaires, que l'on rencontre fréquemment dans les volières et dans les expositions. Leur plumage est très varié : six cents nuances différentes allant du pur albinos (blanc neige) au violet foncé.

PERRUCHE DE PENNANT (PLATYCERCUS ELEGANS)

Les plumes larges de la queue valent à ces perruches le nom de perruche à large queue.

◁ PERRUCHES ET CALLOPSITTES

Oiseaux de volière, les perruches nichent facilement mais sont parfois trop nerveuses et craintives pour devenir familières. Les callopsittes, qui peuvent apprendre à parler et à siffler, sont de bien meilleurs oiseaux de compagnie.

ASTRILD SAINTE-HÉLÈNE

PETITS EXOTIQUES ▷

Les petits exotiques, oiseaux très délicats et élégants, s'adaptent très bien à la vie en volière. Un chauffage complémentaire est parfois nécessaire en hiver sous nos climats.

BECS FINS ET INSECTIVORES ▽

Ce groupe comprend des oiseaux de différentes tailles. La plupart vivent volontiers en volière ; certaines espèces sont grégaires alors que d'autres ne vivent qu'en couples isolés. Ils se nourrissent de fruits, d'insectes, de nectar et de granulés.

TOUCAN À BEC ROUGE

Les toucans dorment la queue verticale.

CANARIS ▷

Les mâles chantent. Placés habituellement dans une cage d'appartement, les canaris cohabitent aussi facilement en volière extérieure avec d'autres espèces. Leurs coloris vont du blanc pur au jaune, en passant

Le plumage des canaris est très individualisé (agate, jaune pâle…)

ROLLER CANARI (CANARI DE POSTURE ANGLAIS)

CORNURE À VENTRE BORDEAUX

CACATOÈS ET PBFD
Cette maladie virale du bec et de la queue se manifeste par un plumage rabougri, tordu et friable. L'animal présente des zones dénudées et peut avoir aussi des lésions sur le bec et les ongles.

2 UN OISEAU EN BONNE SANTÉ

L'oiseau de votre choix doit être gai, heureux de vivre. Il ne doit pas montrer de signes de maladies. Voici les quelques points à vérifier attentivement :

- Les narines doivent être bien nettes, sans pus ni gonflement. Assurez-vous qu'il n'y a aucun signe d'obstruction ou d'ulcération.
- Les yeux en bonne santé n'ont pas d'écoulements ou de conjonctivite dus au blocage des sinus.
- Des sifflements respiratoires pourraient être le signe d'une maladie parasitaire ou d'une mycose.
- Le bec ne doit pas présenter de difformités. Chez les perruches ondulées, on détecte parfois la gale du bec et des narines.
- Si les griffes ou les ongles sont tordus, l'oiseau pourrait avoir du mal à se percher. Certaines perruches ondulées présentent des symptômes de goutte, avec des articulations enflammées et des dépôts d'urate.

3 MÂLE OU FEMELLE ?

Le sexe est un critère essentiel lors du choix d'un oiseau. Les mâles sont généralement plus faciles à apprivoiser et ont moins tendance à détruire. Les femelles, elles, peuvent causer des dégâts au début de la période de reproduction. Si vous désirez apprendre à votre oiseau à parler, sachez que les mâles (surtout chez les perruches ondulées) ont la réputation d'être de meilleurs imitateurs que les femelles, encore que celles-ci puissent être dressées également avec un peu de patience.

△ DÉTERMINER LE SEXE D'UNE PERRUCHE ONDULÉE
Les cires (zones dénudées autour des narines) des oiseaux : elles sont bleues ou pourpres chez le mâle, brun foncé chez la femelle.

Le plumage des femelles est habituellement plus terne que celui des mâles.

△ COUPLE DE COUS-COUPÉS AFRICAINS
Le mâle se reconnaît grâce à la marque rouge de son collier et à son plumage plus sombre.

LA MÉTHODE DE L'ADN
En l'abscence de dimorphisme sexuel, on peut procéder à l'analyse du sang.

4 LE COUPLE

Bien qu'un seul individu soit plus facile à apprivoiser, il peut être intéressant d'acquérir un couple, car les oiseaux se tiendront compagnie, surtout si vous êtes souvent absent. Dans ce cas, il est préférable de vous procurer deux jeunes oiseaux en même temps, mais dressez-les de manière individuelle. Deux mâles sont moins enclins à se disputer que deux femelles.

5 OISILLON ÉLEVÉ À LA MAIN

Les oiseaux élevés à la main sont plus faciles à apprivoiser, car ils sont déjà habitués à la présence de l'homme. Les jeunes oiseaux s'adaptent rapidement à de nouvelles situations alors que les adultes, plus nerveux, rechignent parfois à établir des liens avec vous.

6 DÉTERMINER L'ÂGE D'UN OISEAU

L'œil est souvent un bon indice pour déternimer l'âge d'un oiseau. Les yeux d'une jeune perruche ondulée n'ont pas de blanc dans l'iris. Cette coloration n'apparaît qu'à l'âge de 12 semaines.

Le jeune se distingue également par les fines rayures noires sur son front ; celles-ci disparaissent à la première mue, vers l'âge de 3 mois. Les perruches ondulées mâles ont un « masque » très marqué.

PERRUCHON DE 6 MOIS

PERRUCHE ONDULÉE ADULTE

COLORATION DE L'IRIS ▷ *Chez les perruchons gris du Gabon, la différence de coloration de l'iris permet de déterminer l'âge des oiseaux : en haut, l'oisillon ; en bas, l'adulte âgé de 4 ans.*

L'iris jaune pâle indique un oiseau adulte.

7 DÉFORMATIONS DU BEC

Si les déformations du bec ne sont pas corrigées rapidement, l'oiseau risque de ne pas pouvoir se nourrir normalement. Une mandibule inférieure qui pousse doit être écourtée régulièrement. Si la mandibule supérieure est trop longue, on peut éviter la coupe en donnant à l'oiseau du bois et des branches à grignoter.

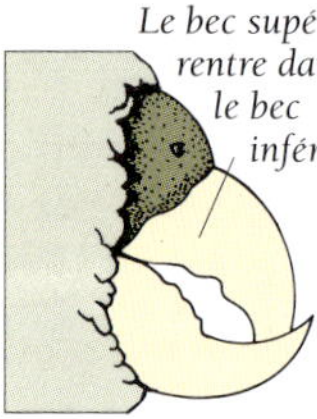

BEC INFÉRIEUR TROP LONG (PERRUCHE ONDULÉE)

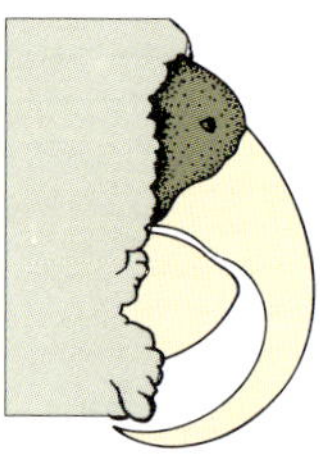

BEC SUPÉRIEUR TROP DÉVELOPPÉ (PERRUCHE ONDULÉE)

8 LES ONGLES TROP LONGS

Les griffes trop longues ne représentent pas un problème sérieux, mais il convient de les écourter pour éviter que l'oiseau ne s'accroche dans sa cage. Les nones ou mumes d'Australie, ainsi que les tisserins, ont souvent les ongles très longs. Les griffes des canaris et des perruches ondulées peuvent également avoir besoin de coupes régulières.

ONGLE NORMAL

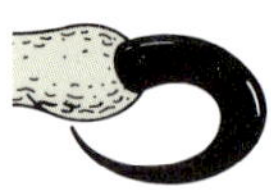

ONGLE EN HAMEÇON

ONGLE EN FUSEAU

ONGLE EN TIRE-BOUCHON

9 EXAMINER LES AILES ET LA QUEUE

Examinez soigneusement le plumage de l'oiseau que vous souhaitez acquérir, vérifiez que les plumes des ailes et de la queue ne sont pas atteintes de la « mue française ». Des zones dépourvues de plumes ou des plumes éparses indiquent la présence possible de cette maladie virale. Les plumes ne doivent pas être rabougries, friables ni même tordues.

EXAMEN DES AILES
Des zones sans plumes sur les ailes d'un jeune oiseau ou des traces de sang séché dans les plumes d'un adulte indiquent la présence de « mue française ».

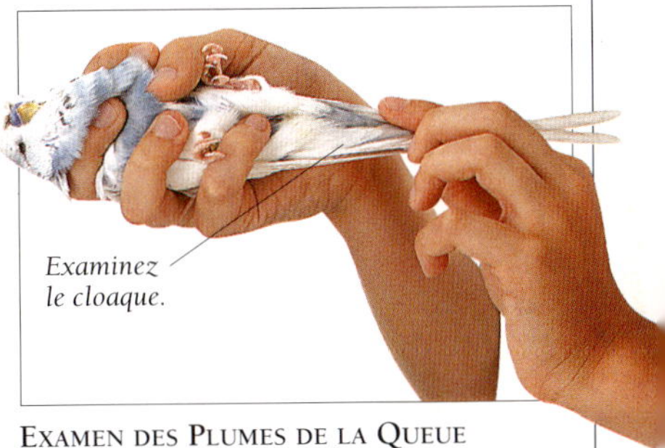

EXAMEN DES PLUMES DE LA QUEUE
Vérifiez qu'elles sont intactes. Examinez aussi les abords du cloaque : s'ils sont souillés, l'oiseau peut souffrir d'un trouble digestif.

10 SIGNES DE MALADIE

Il est assez facile de détecter un oiseau malade, car son comportement et son allure changent sensiblement. Moins vif et moins alerte que d'habitude, l'oiseau semble ébouriffé. Ses yeux sont mi-clos, sa tête est souvent enfouie dans son cou. Il reste à l'écart des autres individus, sommole la plupart du temps et semble abattu.

MESURES D'URGENCE
Un oiseau malade perd rapidement sa chaleur, et ce refroidissement peut être fatal. Placez-le immédiatement dans un endroit chaud et appelez le vétérinaire.

CAGES ET ÉQUIPEMENT

11 CHOISIR LA MEILLEURE CAGE POUR VOTRE OISEAU

Votre choix dépend des besoins de l'espèce que vous avez l'intention d'élever. Prenez une cage spacieuse, où l'oiseau puisse bouger et voler d'un perchoir à l'autre. Pour les espèces à longue queue, comme les aras, il faut une cage très vaste. Assurez-vous que la porte ferme bien et que les règles de sécurité sont respectées. Fixez solidement les mangeoires et les abreuvoirs. Préférez les perchoirs en bois naturel : ils sont plus confortables.

CAGE POUR PERRUCHE ONDULÉE OU CANARI
Une cage mesurant 60 cm de haut, 65 cm de long et 30 cm de large convient parfaitement pour un couple de petits oiseaux.

12 LES COUVERTURES DE SOL

On trouve dans le commerce plusieurs matériaux pour couvrir le sol de la cage, et il est conseillé de varier de temps en temps. Les feuilles sablées, que l'on peut changer une ou deux fois par semaine, sont très économiques, car elles permettent de gratter les selles. Le sable pour oiseaux fournit un grit (gravier) riche en minéraux, mais il faut le renouveler souvent.

Papier de doublure

PAPIER DE GARNITURE

FEUILLE SABLÉE

SABLE POUR OISEAUX

COPEAUX DE BOIS

PROTECTION EXTÉRIEURE
Entourez la base de la cage d'une feuille plastique. Ainsi, l'espace autour de la cage restera propre.

13 OÙ INSTALLER LA CAGE ?

À l'exception des petits exotiques et des insectivores, qui préfèrent être dans un endroit calme, généralement les oiseaux aiment vivre dans un environnement animé.

- Placez la cage sur un meuble, à la hauteur des yeux. Cela facilitera l'entretien et vous permettra de nourrir les petits à la main.
- Ne placez pas la cage dans une cuisine – certaines vapeurs peuvent être toxiques pour l'oiseau.
- Installez la cage à l'abri du soleil et des courants d'air.
- Évitez de placer la cage trop près d'une source de chaleur.
- Assurez-vous qu'elle est hors d'atteinte des chats et autres animaux domestiques.

14 LA CAGE PORTABLE

Une cage portable de ce type est surtout nécessaire pour le transport des gros oiseaux (chez le vétérinaire, lors des expositions, en voyage...). Vous pouvez également vous en servir pour y placer les oiseaux lorsque vous lavez la volière.

Assurez-vous que les mailles du grillage soient suffisamment serrées et conformes aux normes de sécurité.

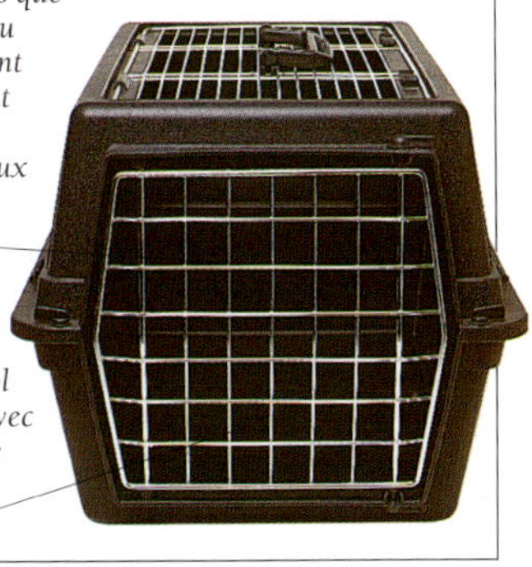

N'oubliez pas de couvrir le sol de la cage avec un papier de garniture adapté.

15 Recouvrir la cage

Les oiseaux ne sont pas habitués à la lumière électrique, qui peut les déranger. Si vous recouvrez la cage le soir, ils pourront certainement mieux se reposer. Durant la journée, laissez un coin de la cage couvert, de préférence le coin où se trouve le perchoir le plus haut. Ainsi les oiseaux disposeront d'un endroit calme et sombre s'ils désirent se reposer.

LES OISEAUX DOIVENT POUVOIR BOIRE DE L'EAU MÊME PENDANT LA NUIT.

16 Des perchoirs en bois

Les oiseaux ont besoin de grignoter du bois afin d'éviter l'apparition de certaines difformités du bec.
Vous pouvez fabriquer des perchoirs avec des branches d'arbres ou d'arbustes non toxiques, comme le saule, le noisetier, ou le tilleul. Choisissez des branches d'au moins 10 mm de diamètre permettant aux oiseaux de garder leur équilibre.

17 Les jouets

Quand vous choisissez des jouets pour votre oiseau, assurez-vous qu'ils soient faciles d'entretien. Préférez des jouets simples, aux bords arrondis, exempts de substances toxiques comme le plomb. Une bobine de fil, une balle de ping-pong ou un morceau de bois peuvent devenir des jouets très attractifs.

Le bois : un jouet, mais aussi un remède contre les difformités du bec de ce lori

UNE BILLE DE BOIS

UNE POMME DE PIN

Les perruches ondulées adorent se balancer, grimper et descendre.

18 HORS DE LA CAGE

Les oiseaux ont besoin d'exercice régulier hors de leur cage. Assurez-vous que la pièce où vous les lâcherez ne présente pas de dangers :

- Fermez les fenêtres et si possible tirez un peu les rideaux pour signaler les vitres à votre oiseau.
- Fermez l'accès de la cheminée et placez des protections sur les radiateurs.
- Assurez-vous que les chats et les chiens n'ont pas accès à la pièce.
- Enlevez toutes les plantes d'intérieur qui pourraient être toxiques.

Les gros oiseaux, tels que cet ara arauna bleu et jaune, ont besoin de se dépenser.

FILET POUR LES VITRES

◁ PRÉCAUTIONS
N'oubliez pas de tirer les voilages. Vous pouvez aussi disposer un filet sur les vitres pour éviter à l'oiseau de se blesser.

PLANTES À ÉVITER
Certaines plantes d'intérieur, comme les amaryllis et les philodendrons, sont toxiques pour les oiseaux.

19 RATTRAPER UN OISEAU

UTILISEZ UNE SERVIETTE

Encouragez votre oiseau à rentrer dans sa cage après une période d'exercice en laissant la porte ouverte ou en plaçant quelques friandises dans sa mangeoire. S'il refuse de réintégrer sa cage, fermez les rideaux, éteignez les lumières et essayez de le recouvrir doucement d'une serviette quand il est au repos. Immobilisez-le avec précaution et déposez-le dans sa cage. Laissez-le ensuite tranquille pendant un moment pour qu'il se remette de ses émotions.

20 LA VOLIÈRE EXTÉRIEURE

De nombreux oiseaux ont besoin d'une période plus ou moins longue d'adaptation à notre climat avant de vivre dans une volière extérieure. Une volière est constituée en général de trois parties : un espace grillagé assez vaste, ouvert sur l'extérieur, et un abri fermé où les oiseaux peuvent se nourrir et se reposer, ainsi que d'un sas de sécurité.

MANGEOIRE SUSPENDUE

PLATEAU À GRAINES

BLOC IODÉ

RÉCIPIENT À GRIT

△ ÉQUIPEMENT DE LA VOLIÈRE
En plus de la grande mangeoire, disposez dans différents endroits des plateaux avec des ingrédients variés : grit, mélange de graines, fruits et verdure. Installez plusieurs abreuvoirs.

Fixez des perchoirs à l'intérieur de l'abri pour favoriser le repos des oiseaux.

21 EMPLACEMENT DE LA VOLIÈRE

Voici quelques conseils pratiques concernant l'installation de votre volière :

- Vérifiez auprès de votre mairie les règles de construction à respecter.
- Choisissez un terrain plat, dans un endroit où les oiseaux ne pourront pas déranger votre voisinage.
- Veillez à ce que votre volière soit à l'abri du vent et des courants d'air.
- Évitez les abords d'une route ; vos oiseaux pourraient être gênés par les bruits et les lumières des phares.
- N'installez pas votre volière sous des arbres ; les branches risqueraient d'endommager le grillage et la structure.

Traitez l'armature en bois de la volière avec des produits non toxiques.

Placez des branches que les oiseaux pourront mâchouiller.

révoyez une ntrée avec n sas de écurité.

Installez quelques plantes vertes non toxiques.

s mailles du llage ne passent pas 5 x 1,25 cm.

LE SOL DE LA VOLIÈRE
Le sol sera facile à entretenir et à désinfecter si vous le recouvrez avec des dalles ou une chape de béton.

22 LES PLANTES DANS LA VOLIÈRE

Plantez des buissons au feuillage dense, qui permettront aux oiseaux de nicher. Choisissez des plantes annuelles, qui attirent les insectes et apportent des touches de couleur. Utilisez des plantes en pot à réserves d'eau, faciles à déplacer.

Les plantes annuelles sont faciles à cultiver.

23 ACCESSOIRES

Tous les oiseaux présentés dans cet ouvrage peuvent vivre dans une volière extérieure. Cependant, en hiver, certaines espèces ont besoin d'un chauffage d'appoint et d'un éclairage complémentaire que vous installerez dans l'abri en prenant soin de camoufler les fils électriques.

MÂLE

FEMELLE

Les astrilds à poitrine dorée ont besoin d'un chauffage complémentaire.

TRANSPORT ET CONTACT

24 COMMENT TRANSPORTER UN OISEAU ?

Munissez-vous d'une boîte convenable ou d'une cage de transport lorsque vous allez acheter un oiseau. En général, les magasins spécialisés peuvent fournir le matériel nécessaire. Prévoyez une simple boîte avec des trous d'aération pour un petit oiseau et si vous avez un court trajet à faire. En revanche, pour les spécimens de grande taille, prenez une boîte solide, en plastique ou en contre-plaqué.

BOÎTE DE TRANSPORT EN CARTON

25 COMMENT ATTRAPER LES PETITS OISEAUX ?

Pour attraper un oiseau dans une cage, attendez qu'il soit au repos sur le sol et recouvrez-le doucement avec votre main. Lorsque ses ailes sont repliées, refermez la main autour de lui et retirez-la de la cage.

Maintenez le cou de l'oiseau entre l'index et le majeur, ses ailes bien serrées dans votre paume.

À DEUX MAINS ▷
Vous pouvez également tenir votre oiseau avec les deux mains. Cependant, cette méthode n'est pas recommandée pour les oiseaux qui mordent.

26 COMMENT TENIR UN PERROQUET ?

Il est conseillé de porter des gants épais de jardinage pour se protéger, car les perroquets peuvent mordre et griffer parfois très cruellement. Tenez l'oiseau fermement, sans le serrer. S'il mord, relâchez un peu la prise. Pour les oiseaux de très grande taille comme les aras, n'hésitez pas à enfiler deux paires de gants.

DANS LA MAIN ▷
Comme tous les oiseaux, le perroquet cesse de se débattre lorsqu'il est bien tenu. Vous pouvez alors l'examiner ou couper les ongles trop longs.

27 QUELQUES PRÉCAUTIONS

Avant de retirer un oiseau de sa cage, assurez-vous que toutes les portes et les fenêtres sont fermées.

- Retirez les mangeoires et les perchoirs qui pourraient gêner vos mouvements à l'intérieur de la cage.
- Même apprivoisés, les oiseaux n'aiment pas être manipulés et peuvent se rebiffer.
- Si un oiseau semble perturbé ou essoufflé, laissez-le se reposer tranquillement.
- N'essayez pas d'attraper les oiseaux pendant les heures chaudes de la journée.
- Lorsque vous portez des gants, la sensibilité de vos mains diminue. Veillez à ne pas trop serrer l'oiseau.

28 LES NOUVEAUX VENUS

Si vous devez introduire de nouveaux oiseaux dans la cage, assurez-vous que celle-ci est adaptée et équipée. Renseignez-vous auprès des vendeurs ou des anciens propriétaires sur le régime alimentaire de ces oiseaux, car tout changement radical risque d'entraîner des troubles digestifs. Respectez une période d'isolement avant d'introduire les oiseaux dans votre volière pour éviter les maladies infectieuses ou les parasites, comme les poux et les vers.

◁ L'AGRESSIVITÉ
Surveillez le comportement des nouveaux venus pour vous assurer qu'ils ne se battent pas.

29 LE CONTACT

Les oiseaux ont besoin de quelques jours pour s'habituer à leur nouvel environnement. Vous pourrez ensuite commencer à les apprivoiser et à les dresser. Établissez d'abord des relations de confiance : répétez chaque jour les mêmes gestes jusqu'à ce qu'ils vous reconnaissent et s'habituent à votre présence.

△ CONFIANCE
Lorsqu'une perruche ondulée se sent en sécurité, elle se pose volontiers sur votre doigt.

1 △ Offrez à votre perruche ondulée des légumes, des fruits frais ou des friandises pour l'habituer petit à petit à votre main.

2 △ Une fois qu'elle est habituée à votre présence, introduisez votre main dans la cage et grattez-lui doucement la nuque pendant qu'elle mange.

« LES BONNES MANIÈRES »
Ne retirez pas un oiseau de sa cage pendant que vous prenez votre repas. Il vous dérangera et viendra « chiper » des morceaux (trop salés ou trop gras pour lui) dans votre assiette.

Fixez la nourriture avec une pince en plastique.

3 ◁ Fixez un morceau de fruit ou de légume à une petite branche que vous approchez doucement de l'oiseau. Une fois en confiance, il se posera sur la branche.

30 UN OISEAU APPRIVOISÉ

Avec un peu de patience et beaucoup de douceur, vous pourrez instaurer des rapports et des liens forts avec votre oiseau. Gagnez d'abord sa confiance, puis prévoyez une petite séance quotidienne pour l'apprivoiser. Évitez de le punir - vos rapports pourraient en souffrir.

Un perroquet apprivoisé adore qu'on lui caresse la nuque.

31 APPRENDRE À PARLER À VOTRE OISEAU

Certains oiseaux sont capables d'imiter des sons articulés. Pour leur « apprendre à parler », armez-vous de patience et répétez souvent des bouts de phrases ou des mots courts. Les oiseaux imitent plus facilement la voix d'une femme ou d'un enfant que celle d'un homme. Prononcez les mots clairement, plusieurs fois par jour, lorsqu'il n'y a pas de bruits parasites dans la pièce Guettez les bribes de langage dans le « babil » des oiseaux et répétez distinctement.

UN PARLEUR TRÈS DOUÉ ▷
Le perroquet gris du Gabon a le génie des imitations, mais le mainate a une meilleure diction que lui.

32 LES ENFANTS ET LES OISEAUX

Les perruches ondulées sont des compagnons idéals pour les enfants. Gaies et pleines de vies, elles amusent les petits et imitent bien la voix humaine. Surveillez attentivement le comportement des perroquets : imprévisibles, ils peuvent être parfois un peu agressifs.

DE MERVEILLEUX COMPAGNONS

33 LES AUTRES ANIMAUX

En règle générale, ne laissez jamais votre oiseau sortir de sa cage quand un autre animal se trouve dans la pièce. Assurez-vous également que sa cage est bien fermée et hors d'atteinte des chiens et des chats. Placez-la toujours en hauteur.

L'amitié ? Possible, mais il y a un risque !

L'ALIMENTATION DES OISEAUX

34 MÉLANGES DE GRAINES

Les graines constituent la base de l'alimentation des oiseaux. Elles se divisent en deux grandes catégories : céréales et oléagineuses. Les céréales, riches en hydrates de carbone, sont plus pauvres en protéines et en lipides.
Les oléagineuses (graines de tournesol, pignons de pin, cacahouètes) contiennent beaucoup de protéines et de lipides.

Les oiselleries proposent des mélanges adaptés aux différentes espèces : perruches ondulées, canaris, petits exotiques, perroquets, etc. Achetez de préférence des mélanges en boîtes – les graines sont souvent de meilleure qualité car elles sont prélavées et triées – et gardez-les à l'abri de la lumière, de l'humidité et des excréments de rongeurs.

GRAPPE DE MILLET

Les oiseaux aiment à picoter les graines de millet.

MÉLANGE POUR PERRUCHES ONDULÉES

MÉLANGE POUR CANARIS

MÉLANGE POUR PETITS EXOTIQUES

LES GRAINES GERMÉES

En faisant tremper les graines dans de l'eau chaude pendant 24 h, vous augmentez leur valeur nutritive. Elles seront aussi plus digestes pour les oisillons et les oiseaux convalescents.

ŒILLETTE BLEUE

NIGER

MANGEOIRE À GRAINES △
Chaque jour, retirez les balles de céréales et remplissez le réservoir si nécessaire.

MÉLANGE COMPLET (CANARIS ET PETITS EXOTIQUES)

MÉLANGE COMPLET (PERROQUETS)

MÉLANGE POUR INSECTIVORES ET FRUGIVORES

GRANULÉS POUR PERROQUETS

PIGNONS DE PIN

CACAHOUÈTES

35 LES FRUITS

De nombreux oiseaux ont un besoin quotidien de fruits. Assurez-vous qu'ils soient frais et lavez-les soigneusement pour enlever les résidus de pesticides ou de conservateurs. Jetez chaque jour les restes de la veille. Pelez les oranges, et enlevez les noyaux et les grosses graines. Donnez toujours un fruit nouveau en petite quantité pour l'habituer et éviter les troubles digestifs.

ORANGE

GRENADE

ABRICOTS SECS

CERISES

POMME

Donnez toujours des fruits frais et lavés.

FRAMBOISES

36 Les légumes et la verdure

L'alimentation quotidienne des oiseaux doit comprendre aussi des légumes source essentielle de vitamines et de substances minérales. Les épinards sont très appréciés pour leur apport en calcium, en fer, en vitamines A et B. Les perroquets et les perruches ondulées aiment les feuilles ou les côtes de chou, riches en soufre. De nombreux perroquets sont friands de graines germées, comme le soja et la luzerne, que vous trouverez dans les magasins de produits diététiques et les oiselleries.

TOMATES

LUZERNE

ÉPINARDS

PETITS POIS

CAROTTE

CÉLERI

Du Maïs Frais
Congelez le maïs en saison : vous aurez des graines fraîches toute l'année.

37 Insectes et vers

Les canaris, perroquets et perruches ondulées se contentent d'une nourriture à base de graines, de fruits et de légumes. D'autres espèces ont besoin d'un apport régulier d'insectes vivants. C'est le cas des insectivores et des petits exotiques, qui en consomment surtout en période de reproduction, car le taux élevé de protéines assure une croissance rapide de leurs petits. Distribuez régulièrement et en petites quantités les vers de farine – nourriture la plus distribuée par les éleveurs, elle est vendue au poids dans de petites boîtes. Vous pouvez aussi constituer un élevage de criquets, de sauterelles, d'asticots. Riches en protéines, ils sont cependant assez pauvres en calcium.

SAUTERELLES

VERS DE FARINE

38 COMPLÉMENTS ALIMENTAIRES

En plus du grit (gravier), les oiseaux qui se nourrissent essentiellement de graines ont besoin d'un apport complémentaire de calcium (os de seiche, coquille d'huître ou d'œuf broyée). Donnez un bloc de sel iodé aux perruches ondulées pour faciliter l'activité de la thyroïde. Les suppléments vitaminés sont également conseillés pour les oiseaux ayant un régime alimentaire assez pauvre.

ANNEAU À MÂCHER POUR PERROQUETS

CHARBON DE BOIS

PIMENT ROUGE EN POUDRE

BLOC DE SEL IODÉ

GRIT

COQUILLE D'HUÎTRE BROYÉE

COMPLÉMENT VITAMINÉ

OS DE SEICHE

39 LE RÔLE DU GRIT

Le grit (sable grossier ou gravier) est une source importante de minéraux. Il joue également un rôle essentiel dans le processus de digestion : les particules dures du grit permettent aux oiseaux de réduire les graines en poudre et facilitent ainsi le transit dans le gésier.

Le réservoir à sable s'accroche à la cage.

40 Une alimentation adéquate

La plupart des oiseaux se nourrissent tout au long de la journée. Il faut donc veiller à leur fournir suffisamment de nourriture pour couvrir leurs besoins quotidiens. Consultez le tableau ci-dessous pour connaître les besoins spécifiques de votre oiseau.

Espèces	Alimentation	Autres apports
Petits exotiques 	Alpiste et millets divers. Certaines espèces peuvent manger du colza, du niger et de l'œillette bleue.	Vers de farine et teignes en période de reproduction. Verdure : pissenlit, épinards, graminées sauvages, mouron.
Canaris 	Alpiste, niger, œillette bleue, millet, chènevis et autres graminées sauvages.	Verdure et pâtées en période de reproduction et d'élevage des poussins. Pigments destinés à accentuer le coloris du plumage, notamment en période de concours.
Insectivores 	Fruits divers (pommes, raisins…). Pâtées universelles ou pour insectivores. Granulés et vers de farine. Un peu de nectar selon les espèces.	Fruits variés coupés en petits morceaux. Aliments ayant une faible teneur en fer (surtout pour mainate). Insectes et vers chaque jour en petite quantité.
Perruches ondulées 	Mélange de millets variés, d'alpiste et de gruau d'avoine.	Pâtées universelles riches en protéines, surtout en période de reproduction. Verdures variées, carottes.
Callopsittes et grandes perruches 	Millets, alpiste, gruau d'avoine, graines de tournesol, pignons de pin, cacahouètes ou aliments complets en granulés.	Beaucoup de fruits et de verdure. La quantité varie selon la taille des espèces. Des céréales en quantité pour les perruches australiennes.
Perroquets et cacatoès 	Mélange pour perroquets, graines de tournesol, gruau d'avoine, flocons de maïs et cacahouètes.	Millets et alpiste pour les plus petites espèces (inséparables, conures…). Nectar de fruits pour les loris et loriquets. Verdure et fruits chaque jour.

41 L'EAU

Votre oiseau doit disposer en permanence d'eau fraîche. Il faut donc la changer chaque jour. Pour éviter toute contamination, utilisez des abreuvoirs hermétiques : ils ne distribuent que peu d'eau à la fois. Fixez-les au-dessus des perchoirs pour éviter le contact avec les selles. Au cours des hivers très froids, vérifiez que l'eau n'a pas gelé dans les volières installées à l'extérieur.

NETTOYER LES ABREUVOIRS
L'eau reste propre dans les abreuvoirs hermétiques, qui distribuent peu de liquide à la fois.

Installez un perchoir devant l'abreuvoir.

42 LES MANGEOIRES

Les récipients en plastique, faciles d'entretien et peu onéreux, sont parfaits pour les petites espèces. Pour les perroquets et les oiseaux de grande taille, vous devez utiliser des mangeoires en métal. Procurez-vous des récipients différents pour les graines germées, pour les fruits et les insectes vivants.

◁ RÉCIPIENT À SABLE

Le récipient à sable se fixe à la cage avec un crochet arrière.

◁ RÉCIPIENT HERMÉTIQUE

Gardez les graines dans un récipient à fermeture hermétique.

L'oiseau se pose sur le support de la mangeoire.

MANGEOIRE CLASSIQUE

43 APPRENDRE AUX OISILLONS À SE NOURRIR

S'il ne peut pas imiter le comportement d'un oiseau adulte, l'oisillon qui se retrouve tout seul dans une cage ne saura pas chercher sa nourriture dans une mangeoire fermée. Placez quelques graines sur le sol autour de la mangeoire pour lui faciliter la tâche. Pour le familiariser avec l'abreuvoir, plongez son bec dans l'eau quelques instants.

HYGIÈNE ET SANTÉ

44 ÉQUIPEMENT DE BASE

Pour nettoyer les cages et les volières, vous n'avez pas de gros investissements à faire. Vous pouvez vous limiter au matériel dont vous vous servez pour faire le ménage chez vous. Seulement, il doit être réservé à cet unique usage. Choisissez des désinfectants appropriés, non toxiques pour les oiseaux et rincez toujours la cage à grande eau après avoir passé le désinfectant.

45 NETTOYAGE QUOTIDIEN

Il est indispensable pour la santé de vos oiseaux de maintenir la cage et le matériel très propres. Grattez chaque jour les saletés et remplacez la protection du sol si nécessaire. Enlevez les balles de graines et les écorces diverses, les restes de fruits et de légumes de la veille. Changez l'eau.

LE PLATEAU D'ALIMENTS FRAIS ▷
Préparez un plateau de fruits et de légumes de saison coupés en petits morceaux. Renouvelez-le chaque jour.

46 UNE CAGE PROPRE

Un fois par semaine, retirez vos oiseaux de la cage pour la nettoyer à fond, ainsi que les différents équipements. Lavez bien les perchoirs, les mangeoires et les plateaux. Changez la couverture du sol. Retirez l'os de seiche et le bloc iodé ainsi que les graviers, les aliments frais ou vivants.

△ NETTOYEZ LA CAGE
Lavez la cage avec de l'eau et du savon. Désinfectez, rincez et séchez. Procédez de même avec l'équipement (perchoirs, mangeoires, abreuvoirs…).

△ GRATTEZ TOUTES LES SALETÉS
Utilisez un grattoir pour retirer toutes les saletés et les détritus.

DÉSINFECTANTS
Vous pouvez utiliser de l'eau de Javel, ou bien un mélange de phénol et de la chlorhexidine dilué.

△ LE PLATEAU
Lavez minutieusement le plateau avec de l'eau et du savon et surtout n'oubliez pas de le désinfecter.

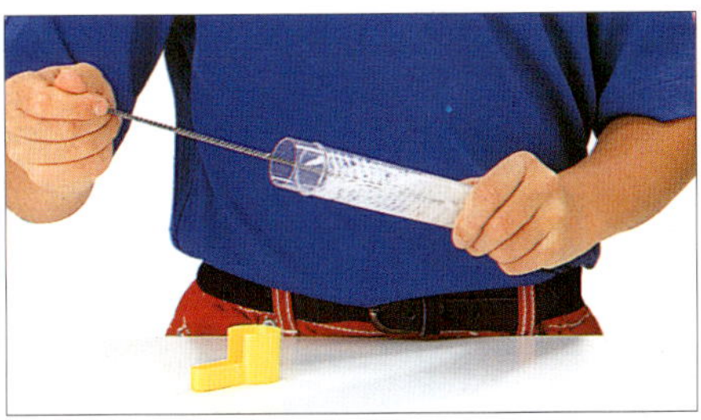

△ L'ABREUVOIR
Nettoyez et rincez l'abreuvoir soigneusement avec un goupillon, qui permet d'atteindre l'extrémité du tube.

47 La baignoire

Les oiseaux vivant à l'intérieur ont besoin de prendre un bain régulièrement. La baignade leur permet de maintenir leur plumage sain et limite le risque de picage. Ils s'accommodent très bien d'un simple bol en plastique, mais il est préférable de leur offrir une baignoire spéciale, fermée de tous les côtés. Les oiseaux peuvent alors éclabousser librement, sans salir la cage. N'oubliez pas de changer l'eau quotidiennement.

Le bain facilite l'entretien du plumage.

△ **Baignade dans un bol**
Si votre oiseau a la possibilité de se baigner dans un bol en dehors de sa cage, prenez soin de protéger le sol avec du plastique.

Cette baignoire évite les éclaboussures.

Baignoire standard
Cette baignoire se fixe à l'extérieur de la cage, devant la porte ouverte. Elle est idéale pour les oiseaux de taille moyenne.

Une baignoire propre
Utilisez de l'eau tiède. Changez l'eau et nettoyez la baignoire chaque jour : les oiseaux détestent se baigner dans une eau sale. Vous pouvez ajouter dans l'eau un produit pour le plumage.

48 Le pulvérisateur

De nombreux oiseaux, notamment les perroquets, préfèrent prendre une douche plutôt qu'un bain. Douchez-les régulièrement avec un pulvérisateur à plantes que vous réglez de façon à obtenir une pulvérisation très fine. Pour ne pas effrayer les oiseaux, dirigez le jet vers le haut ; l'eau retombera ainsi en pluie très fine. Utilisez toujour de l'eau tiède.

Pulvérisateur à plantes

49 POURQUOI LES OISEAUX SE LISSENT-ILS LES PLUMES ?

En lissant ses plumes l'oiseau fait sa toilette.

CANARI ROLLER

L'huile sécrétée par la glande uropygienne rend le plumage imperméable.

Se lisser les plumes est une occupation importante chez un oiseau en bonne santé. Elle lui permet d'entretenir son plumage et d'enlever la gaine des nouvelles plumes. Au cours de l'opération, l'oiseau étale une huile sécrétée par la glande uropygienne (située à la base de la queue), qui imperméabilise son plumage. Pendant la mue – phénomène annuel pour la plupart des espèces – les oiseaux perdent leurs vieilles plumes, qui sont remplacées par une nouvelle série. Veillez à l'alimentation des oiseaux pendant cette période, car leurs besoins énergétiques augmentent.

COULEUR DU PLUMAGE
La couleur du plumage peut être influencée par la nourriture. Donnez des agents colorants, comme du piment rouge ou de la carotte, avant la mue.

50 LES EXPOSITIONS

Si vous souhaitez que vos oiseaux participent aux expositions et aux concours, commencez par vous familiariser avec ce type de manifestations. Pour comprendre le système de présentation et de jugements, procurez-vous les standards des espèces auxquelles vous vous intéressez. Les standards, qui peuvent varier d'un pays à l'autre, définissent les caractéristiques de l'individu idéal pour chaque espèce.

1ER PRIX POUR UN DIAMANT MANDARIN

51 L'EXERCICE

Tout oiseau de compagnie a besoin de faire de l'exercice en dehors de sa cage. Accordez-lui régulièrement une demi-heure de liberté pour qu'il puisse voler. N'oubliez pas de disposer quelques perchoirs dans la pièce, car il doit se reposer, et placez dessous du papier journal pour éviter les dégâts et les saletés.

MÉCANISME DU VOL
La capacité de vol dépend pour une grande part des plumes des ailes et de la queue. Chaque type de plume remplit des fonctions spécifiques.

52 DES PATTES PROPRES

Certaines maladies sont dues à une contamination d'origine fécale sur les pattes des oiseaux. Vérifiez donc régulièrement que votre oiseau a les pattes bien nettes. Trempez-les dans de l'eau tiède pendant quelques minutes, puis grattez les saletés en prenant soin de ne pas endommager la peau. Ensuite appliquez une pommade antibiotique à titre préventif.

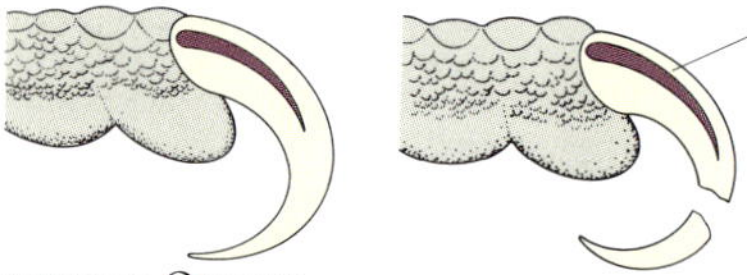

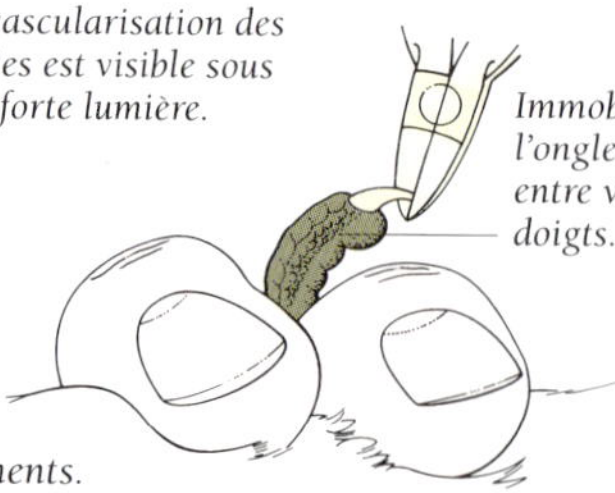

COUPE DES ONGLES
Chez certains oiseaux, les ongles doivent être raccourcis de temps en temps. À l'aide d'un coupe-ongles, coupez l'extrémité de la griffe au-dessous des vaisseaux sanguins pour ne pas provoquer de saignements.

53 DÉPART EN VACANCES

Assurez-vous que votre oiseau sera bien nourri et soigné pendant votre absence. Faites le point avec des amis qui vont l'héberger chez eux ou qui viendront s'en occuper à la maison.

- Prévoyez suffisamment de nourritures variées, de sable et de couvertures de sol, sans oublier d'étiqueter sacs et boîtes.
- Rédigez des instructions détaillées concernant l'alimentation et l'entretien quotidien.
- N'oubliez pas de laisser vos coordonnées ainsi que celles de votre club local ou de votre vétérinaire en cas de problème.

54 CHAUFFAGE D'APPOINT

Une source de chaleur complémentaire s'impose pendant la période hivernale. Choisissez un chauffage tubulaire protégé et muni d'un thermostat pour éviter les dépenses inutiles. Assurez-vous que les fils électriques et l'appareillage sont bien isolés et que les oiseaux ne peuvent pas y toucher.

En général, les astrilds ont souvent besoin d'un éclairage et d'un chauffage supplémentaires en hiver.

55 PREMIERS SOINS

En cas d'accident, vous devez être prêt à assurer les premiers soins d'urgence avant d'aller chez votre vétérinaire.

- Si l'oiseau reste accroché dans les mailles du grillage, immobilisez-le d'une main tandis que vous libérez la griffe de l'autre. Agissez en douceur pour ne pas l'effrayer.
- Si vous sauvez un oiseau des griffes d'un chat, laissez-le récupérer tranquillement dans sa cage. Si la peau est déchirée, faites appel rapidement à un vétérinaire.
- Si vous trouvez un oiseau sur le sol de la volière, placez-le dans une boîte confortable et chaude. Si ses ailes sont abîmées, conduisez-le chez le vétérinaire.
- Pour arrêter les saignements, utilisez un bâton hémostatique. Si l'hémorragie est abondante, effectuez une compression. Si la langue saigne, appelez le vétérinaire.

PINCE À ONGLES

PULVÉRISATEUR CONTRE LES POUX

COTON-TIGE

BÂTON HÉMO-STATIQUE

PREMIERS SOINS *Constituez-vous une trousse type pour les soins d'urgence.*

56 Consulter le vétérinaire

L'état général d'un oiseau malade se dégrade rapidement. Prenez donc rendez-vous sans tarder chez votre vétérinaire. Décrivez les symptômes et donnez des précisions sur son comportement, son alimentation, sans oublier de mentionner d'éventuels signes similaires chez d'autres oiseaux. Votre vétérinaire est en mesure de vous informer sur les vaccinations et les maladies.

UN AVIS DE PROFESSIONNEL

57 Problèmes de comportement

Les troubles apparaissent en général à l'approche de la période de maturité sexuelle. Pendant cette période, une perruche ondulée mâle peut nourrir ses jouets ou s'accrocher à eux, tandis que la femelle devient turbulente et peut déposer ses œufs sur le sol. Le désir de se reproduire, chez un perroquet, se manifeste souvent par un comportement agressif.

Les cacatoès, eux, se disputent, crient et détruisent leur environnement.

△ **Picage des plumes**
C'est un problème difficile à résoudre chez les perroquets, à moins d'en détecter rapidement les causes : manque d'affection ou de compagnie, ennui, affection mycosique, etc.

LORI À STRIES JAUNES

Pour éviter les problèmes

- *Achetez un oiseau jeune, ou un couple si vous êtes souvent absent.*
- *Douchez régulièrement votre oiseau.*
- *Donnez-lui une nourriture variée et équilibrée.*
- *Offrez-lui des branches tendres à grignoter (saule, tilleul, noisetier...).*

58 PROBLÈMES DE SANTÉ

Si l'on comprend assez vite qu'un oiseau est malade, il est cependant beaucoup plus difficile d'identifier l'origine de sa souffrance. Comme l'état général des oiseaux malades se détériore rapidement, un diagnostic rapide est vital. Examinez chaque jour votre oiseau pour détecter à temps les éventuels troubles de santé. Si vous découvrez une anomalie, placez l'oiseau dans une cage chauffée (au moins 30 °C), les oiseaux se refroidissent dès qu'ils arrêtent de se nourrir, et l'hypothermie peut leur être fatale.

LA « FACE ÉCAILLEUSE » *Autrement appelée la gale du bec, elle se traduit par des croûtes blanchâtres au-dessus et sur le bec qui petit à petit devient poreux et friable.*

Espèces	Symptômes	Mesures à prendre
Petits exotiques	Griffes trop longues	Couper les griffes
	Dépôt autour du cloaque	Antibiotiques pour traiter les troubles digestifs
Canaris Serins	Grosseurs sur les ailes, ou kystes fullicileux	Arrêt du programme de reproduction
	Picage incessant des plumes	Traiter contre les poux et parasites externes (gale)
	Éternuements	Signe de variole (voir le vétérinaire)
Insectivores	Comportement agressif au début de la période de reproduction	Séparer le mâle de la femelle ; couper les plumes rémiges pour l'empêcher de blesser la femelle
	Abdomen gonflé, difficultés à voler	Signes éventuel de la Hemacock : maladie due au stockage fer dans le foie ; changer la nourriture, éviter les fruits secs
Perruches ondulées	Selles vertes	Traitement antibiotique
	Jabot gonflé et régurgitations	Traiter contre la trichomonase
	Grosseurs granulées comme des croûtes de fromage autour du bec et des cires	Traiter la gale du bec avec de l'Ivomectine (voir le vétérinaire)
		Maladie virale ; désinfecter la volière avec de l'Hibitane.
	Perte des plumes (« mue française »)	Traitement palliatif
Calopsittes Grandes perruches	Mauvais état général, mort des oisillons dès l'envol du nid. Vers ronds (ascaris) dans les selles	Administrer un vermifuge ; désinfecter le sol pour détruire les œufs des vers
Perroquets Cacatoès	Pertes des plumes Aspect écailleux du bec et des griffes	Faire le test PBI. Traitement palliatifs. Maintenir les oiseaux atteints en quarantaine.

LA REPRODUCTION

59 PRÉPARER LE NID

Certains oiseaux construisent leur nid parmi les végétaux de la volière, d'autres ont besoin de boîtes-nichoirs, de paniers, de nids-corbeilles ou de fibres pour l'aménager eux-mêmes. Les oiseaux d'exposition sont en général élevés dans des cages de reproduction spéciales – large choix de tailles et de matériaux – ainsi la naissance des petits peut être contrôlée. Les cages en métal sont plus résistantes et plus faciles à nettoyer, celles en contre-plaqué, bon marché, peuvent également convenir.

Ne dérangez pas les oiseaux qui couvent.

NICHOIR EN CORBEILLE POUR CANARIS

L'ÉQUIPEMENT DU NID ▷ *Facilitez la reproduction en offrant à vos oiseaux différents types de nids, ainsi que des matériaux de construction variés suivant les espèces.*

NID PANIER HORIZONTAL POUR PETITS EXOTIQUES

BOÎTE-NICHOIR POUR PETITS EXOTIQUES, ASTRILDS ET PETITS INSECTIVORES

BOÎTE OU BÛCHE-NICHOIR POUR PERROQUET ET PERRUCHE ONDULÉE

MATÉRIAUX POUR LE NID ▷ *Assurez-vous que les matériaux sont stériles et sans danger pour les oiseaux. Ceux-ci aiment garnir leur nid de mousse sèche, que vous pouvez vous procurer chez le fleuriste.*

FIBRES

FIBRES DE NOIX DE COCO

60 ÉCLOSION ET ÉLEVAGE

Notez la date de la ponte des œufs afin de pouvoir déterminer la date d'éclosion. La période d'incubation commence en général après la ponte du deuxième ou troisième œuf. Vous devez détecter à temps les manifestations de rétention d'œuf (l'état général de l'oiseau se dégrade rapidement). Vers la fin de la période d'incubation, donnez aux parents de petites quantités d'aliments d'élevage (pâtée à l'œuf…) très nourrissants.

△ INCUBATION
Chez les perruches ondulées, la couvaison des œufs dure 18 jours.

△ NOURRIR LES OISILLONS
Remplissez une soucoupe de graines trempées et de petits morceaux de fruits et placez-la sur le sol de la cage. N'oubliez pas l'eau fraîche.

△ LE BEC
Examinez régulièrement l'intérieur du bec des perruchons. L'accumulation de corps étrangers risque de provoquer des distorsions du bec.

Prenez du temps pour nourrir et gaver les oisillons.

◁ ÉLEVAGE À LA MAIN
Utilisez une cuillère à café ou un compte-gouttes pour nourrir les oisillons. Augmentez progressivement les intervalles entre les prises de nourriture.

61 COMMENT BAGUER LES OISEAUX ?

Les oiseaux que l'on souhaite inscrire à un concours ou à une exposition doivent être bagués. Une bague fendue n'est qu'un moyen temporaire d'identification. La bague fermée, que l'on doit installer quand l'oiseau est très jeune, représente la forme standard et permanente d'identification.

LE BAGUAGE ▷
Glissez la bague sur les trois doigts antérieurs de l'oiseau, en maintenant le quatrième doigt contre la patte, puis faites glisser la bague au-dessus de celui-ci. Relâchez le doigt.

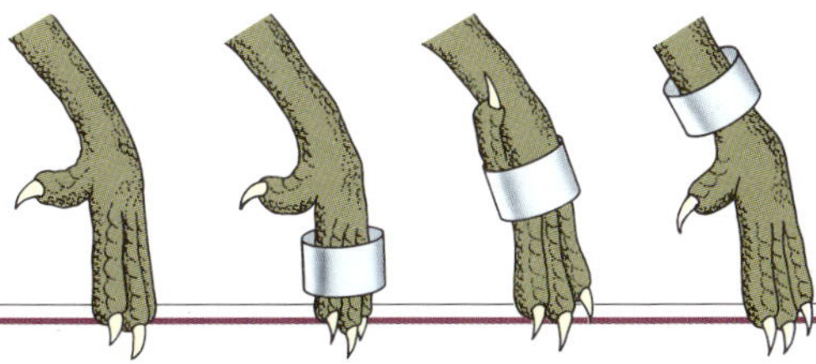

Petits Exotiques

62 Astrild à joues orange

(*Estrilda melpoda*) Faciles à entretenir, ces petits oiseaux timides d'Afrique de l'Ouest préfèrent vivre dans une volière contenant des plantes vertes. Ils se plaisent à nicher près du sol. Comme ils sont sensibles au froid, vous devez rentrer la volière jusqu'à la fin des gelées. Ces oiseaux peuvent cohabiter avec d'autres astrilds de même taille. Cependant, évitez les oiseaux trop bruyants, qui pourraient les déranger durant la période de reproduction. Nourrissez-les avec un mélange de graines pour petits exotiques à base de millet. Ajoutez de la verdure, quelques vers de farine et des insectes vivants.

Les plumes orange des joues apparaissent à l'âge de 6 semaines.

Les plumes rouges du croupion sont une des caractéristiques de l'astrild à joues orange.

La couleur de son bec ressemble à celle de la cire à cacheter.

Lorsqu'il s'apprête à s'accoupler, le mâle agite la queue de droite à gauche.

Caractéristiques

***Longueur** : 10 cm*
***Durée de vie** : 4 ans*
***Sexage** : difficile. Les femelles ont un plumage plus terne, avec des taches orange plus petites.*
***Type de nid** : nid ou boîte-nichoir*
***Incubation** : 12 jours*
***Envol des jeunes** : 21 jours après la naissance*

63 DIAMANT DE GOULD

(Chloebia gouldiae) En plus des deux coloris de têtes présentés ci-dessous (jaune et rouge), il existe également une variété à tête noire. Les oiseaux peuvent avoir la poitrine lilas ou blanche. L'élevage n'est pas toujours facile. Pour favoriser la reproduction, vous pouvez avoir recours à des parents adoptifs tels que les moineaux du Japon (doux, ils sont capables de couver et d'élever les petits). Natifs d'Australie, les diamants de Gould sont sensibles aux basses températures. Il est donc préférable de les garder en volière à l'intérieur. Nourrissez-les avec un mélange de millet d'alpiste, auquel vous ajouterez du niger.

CARACTÉRISTIQUES

Longueur *: 12,5 cm*
Durée de vie *: 7 ans*
Sexage *: la femelle a un plumage plus pâle que le mâle.*
Type de nid *: petite boîte-nichoir*
Incubation *: 15 jours*
Envol des jeunes *: 21 jours après la naissance*

64 DIAMANT MANDARIN

(Poephilia guttata castanotis)

Facile à élever et à entretenir, le diamant mandarin existe dans toute une gamme de couleurs : rouge, fauve, blanc jaune, argent et crème. Les oiseaux vivent très bien dans une volière extérieure, mais il faut prévoir un chauffage et un éclairage complémentaires pour l'hiver. La base de leur alimentation est un mélange de millet et d'alpiste, auquel vous pouvez ajouter de la pâtée à l'œuf et de la verdure, surtout en période de reproduction. Donnez-leur de temps en temps des œufs de fourmis ainsi que des morceaux de vers de farine.

Le mâle a un bec rouge et les joues orangées.

Le plumage de la femelle est plus terne.

Les rayures noires sur la poitrine distinguent le mâle de la femelle.

Le coloris blanc du dessous du corps a valu à cette variété le nom de « pingouin ». Les mâles «pingouin» n'ont pas de rayures sur la poitrine, mais présentent des taches orange sur les joues.

FEMELLE DIAMANT MANDARIN FAUVE « PINGOUIN »

CARACTÉRISTIQUES

Longueur *: 10 cm*
Durée de vie *: 5 ans*
Sexage *: la femelle n'a pas la poitrine zébrée, et son bec est moins rouge.*
Type de nid *: panier ou nichoir*
Incubation *: 13 jours*
Envol des jeunes *: 18 jours après la naissance*

65 VEUVE DE PARADIS

(Vidua paradisaea) Leur nom de « veuve » a été inspiré par la couleur noire du mâle. Ces oiseaux appartiennent à la famille des viduinés. Le plumage du mâle en période de reproduction est spectaculaire. Les veuves de paradis n'élèvent pas leurs petits. La femelle dépose ses œufs dans le nid de l'astrild de Melba, qui les couve et les nourrit. La veuve de paradis, d'origine africaine, aime vivre dans une volière plantée et suffisamment vaste pour qu'elle puisse voler.

Le collier ocre entoure le cou et prend une teinte plus sombre sur la poitrine.

En vol, la queue se trouve presque à l'horizontale. Ces longues plumes peuvent s'abîmer facilement. Prévoyez donc une volière spacieuse, avec des perchoirs éloignés.

La femelle a un plumage plus terne que le mâle, et sa queue est dépourvue de longues plumes.

Les plumes de la queue du mâle peuvent atteindre 25 cm de long.

CARACTÉRISTIQUES
Longueur *: 13 cm*
Durée de vie *: 10 ans*
Sexage *: la femelle a un plumage plus terne et ne possède pas de longue queue.*
Type de nid *: les œufs sont déposés dans le nid d'autres oiseaux*
Incubation *: 14 jours*
Envol des jeunes *: 14 jours après la naissance*

66 WORABÉE OU OISEAU NAPOLÉON

(Euplectes afra) Ces oiseaux exotiques se sont adaptés au climat tempéré, à condition de leur procurer un abri confortable pour les périodes les plus froides. Nourrissez-les avec un mélange de graines pour petits exotiques, auquel vous ajouterez de la verdure et des insectes. Pour faciliter le nichage, plantez des bambous de petite taille.

Les mâles ont la tête et la poitrine jaune vif.

Le dessous du corps est noir et jaune.

CARACTÉRISTIQUES
Longueur *: 12,5 cm*
Durée de vie *: 7 ans*
Sexage *: la femelle a des rayures plus denses que le mâle lorsqu'il revêt sa parure colorée du printemps.*
Type de nid *: nid ou nid-panier*
Incubation *: 14 jours*
Envol des jeunes *: 15 jours après la naissance*

67 MOINEAU DU JAPON

(Lonchura domestica) Comme le moineau du Japon ne se rencontre pas à l'état sauvage, on suppose qu'il résulte d'un croisement effectué en Chine il y a plusieurs siècles. On connaît de nombreuses variétés. Ces oiseaux très populaires sont très appréciés comme parents adoptifs, notamment pour les diamants de Gould. Vifs, ils aiment cohabiter dans les volières avec des astrilds et autres petits exotiques.

Les mâles, fauve et blanc, déploient les ailes et la queue lors de la parade de reproduction.

Les motifs du plumage varient selon les individus.

CARACTÉRISTIQUES
Longueur *: 10 cm*
Durée de vie *: 5 ans*
Sexage *: le mâle chante à l'époque de la reproduction.*
Type de nid *: nichoir-boîte*
Incubation *: 12 jours*
Envol des jeunes *: 21 jours après la naissance*

68 CORDON BLEU OU ASTRILD PAPILLON

(*Uraeginthus bengalus*)

Originaires d'Afrique tropicale, où les indigènes les nomment « mariposa », ces astrilds exigent des soins particuliers mais possèdent une bonne capacité d'adaptation. Ils détestent le froid et l'humidité, et vivent donc mieux dans une volière intérieure. Vous pouvez cependant les installer à l'extérieur, à condition de mettre à leur disposition une source de lumière et un chauffage d'appoint en hiver. Nourrissez-les avec un mélange pour petits exotiques, auquel vous ajoutez des petites graminées, des graines trempées et des insectes.

Les mâles se distinguent généralement par leurs joues rouges. On peut cependant rencontrer des oiseaux avec des joues jaunes.

Le plumage du mâle est beaucoup plus coloré que celui de la femelle.

▽ LE CORDON BLEU D'ANGOLA À TÊTE BLEUE
Le mâle se reconnaît facilement à sa tête bleue tandis que la femelle a une tête grise.

La poitrine et la tête du mâle sont de couleur bleue. Il ne présente pas de taches rouges sur les joues.

CARACTÉRISTIQUES
Longueur *: 12,5 cm*
Durée de vie *: 8 ans*
Sexage *: la femelle a un plumage plus terne que le mâle.*
Type de nid *: nid ou nid en panier*
Incubation *: 12 jours*
Envol des jeunes *: 21 jours après la naissance*

CANARIS ET SERINS

69 CANARI BORDER

(Serinus canaria) Cette espèce présente plusieurs coloris dont blanc, cannelle et vert. Ces oiseaux vifs, faciles à élever et très résistants, se plaisent dans une volière extérieure. Ils se reproduisent très bien et demandent peu de soins.

Nourrissez-les avec un mélange de graines pour canaris. Vous pouvez également leur donner un peu de verdure, comme les épinards ou encore les carottes.

La poitrine et le dos sont bombés.

CARACTÉRISTIQUES
Longueur *: 14 cm*
Durée de vie *: 10 ans*
Sexage *: seul le mâle chante.*
Type de nid *: nid arrondi*
Incubation *: 14 jours*
Envol des jeunes *: 14 jours après la naissance*

70 GLOSTER

(Serinus canaria) Présenté pour la première fois en 1925 dans une exposition organisée en Grande-Bretagne, ce « canari de posture » est devenu un oiseau très populaire. La crête compacte, ne déborde pas sur les yeux.

Le cou et la tête sont assez larges.

Les études génétiques ont montré que la variété à crête petit toupet (coronas) a une reproduction aléatoire. Aussi doit-on toujours accoupler un sujet huppé à un sujet sans crête. Nourrissez les glosters avec un mélange pour canaris, de la verdure et un peu de pâtée. Offrez-leur régulièrement du mouron blanc.

CARACTÉRISTIQUES
Longueur *: 10 cm*
Durée de vie *: 10 ans*
Sexage *: seul le mâle chante.*
Type de nid *: nid arrondi en corbeille*
Incubation *: 14 jours*
Envol des jeunes *: 14 jours après la naissance*

71 CANARI À « FACTEUR ROUGE »

(Serinus canaria) Le régime de cette espèce doit être scrupuleusement surveillé, surtout pendant la mue, pour que le plumage puisse conserver sa couleur rouge. Évitez la verdure, le jaune d'œuf et le chènevis, qui contiennent du pigment jaune. Offrez à ce canari du gruau d'avoine et de l'alpiste auxquels vous ajoutez du niger et des carottes râpées. Pour accentuer sa couleur, vous devez lui donner une nourriture contenant de la cantaxanthine (pigment rouge).

La queue et les extrémités des ailes sont plus claires que le reste du corps.

Le coloris du plumage varie selon le régime alimentaire de l'oiseau pendant la mue.

MÂLE ROUGE INTENSIF

CARACTÉRISTIQUES
Longueur : *12,5 cm*
Durée de vie : *10 ans*
Sexage : *seul le mâle chante.*
Type de nid : *nid arrondi en corbeille*
Incubation : *14 jours*
Envol des jeunes : *14 jours après la naissance*

72 LIZARD

(Serinus canaria)

Cette race ancienne se distingue par des stries en paillettes sur le dos, qui ressemblent aux écailles d'un lézard. Certaines variétés sont « casquées » : elles présentent une surface colorée bien délimitée sur la tête. Ces oiseaux ont un régime alimentaire à base de graines, de verdure et de pâtées.

Le casque, clair et ovale, s'étend du bec jusqu'à la base du crâne.

CARACTÉRISTIQUES
Longueur : *12,5 cm*
Durée de vie : *10 ans*
Sexage : *seul le mâle chante, notamment au début de la période de reproduction.*
Type de nid : *nid arrondi en corbeille*
Incubation : *14 jours*
Envol des jeunes : *14 jours après la naissance*

INSECTIVORES

73 ZOSTEROPS ORIENTAL

(*Zosterops palpebrosa*) Ces oiseaux élégants sont plus connus sous le nom d'« oiseaux à lunettes » en raison de la zone blanche distincte autour de leurs yeux. Sociables, ils cohabitent volontiers avec d'autres espèces. Les zosterops sont assez frileux. Avant de les mettre en volière extérieure, assurez-vous que leur plumage est en parfait état. Pulvérisez-les chaque jour avec un peu d'eau tiède et placez une baignoire peu profonde dans la volière. Donnez-leur des fruits coupés en petits morceaux, ainsi que du nectar de fruits, de la pâtée universelle pour insectivores. En période de reproduction, la nourriture vivante est indispensable.

CARACTÉRISTIQUES
Longueur *: 12,5 cm*
Durée de vie *: 10 ans*
Sexage *: scientifique. Le mâle chante durant la période de reproduction.*
Type de nid *: petit nid et panier*
Incubation *: 14 jours*
Envol des jeunes *: 14 jours après la naissance*

74 TANGARA À COU BLEU

(Tangara cyanicollis) Une fois acclimatés, ces oiseaux très colorés sont très agréables et faciles à entretenir. Placez-les dans une volière plantée et prévoyez un chauffage d'appoint au besoin. S'ils vivent en groupe, vous devez les surveiller car certains sujets peuvent être agressifs. Préparez-leur une nourriture à base de pâtée universelle, de morceaux de fruits ou de baies. Pensez à leur donner des insectes vivants (vers de farine, teignes...), surtout en période de reproduction. Les individus récemment importés apprécient les nectars de fruits. N'oubliez pas de leur fournir une baignoire. Amateurs de baignade, ces oiseaux garderont ainsi leur plumage propre et brillant.

CARACTÉRISTIQUES
Longueur *: 12,5 cm*
Durée de vie *: 8 ans*
Sexage *: scientifique.*
Type de nid *: nid*
Incubation *: 14 jours*
Envol des jeunes *: 20 jours après la naissance*

La couleur des ailes varie du jaune pur au jaune verdâtre.

Les plumes de leur queue sont de taille moyenne.

La coloration bleue apparaît aussi bien sur les flancs que sur la tête.

La coloration de la tête est un trait caractéristique de cette variété.

Le coloris de ces tangaras est très variable.

MÂLE TANGARA À TÊTE BAIE

75 TOURACO DE HARTLAUD

(Tauraco hartlaubi) Originaires d'Afrique, ces oiseaux aux couleurs brillantes ont besoin d'une très grande volière pour pouvoir voler (au moins 3,5 m de long). Bien qu'ils tolèrent des températures basses, installez-leur des perchoirs sous abri car leurs griffes sont sensibles au gel. Donnez-leur une nourriture variée, composée de fruits, de verdure, de pâtées pour insectivores, ainsi que des granulés. Ils ne sont pas friands de vers ni d'insectes.

Leur bec large et leur gosier imposant leur permettent de cueillir des baies et de les avaler.

CARACTÉRISTIQUES
Longueur *: 40 cm*
Durée de vie *: 12 ans*
Sexage *: scientifique*
Type de nid *: nid en plate-forme*
Incubation *: 20 jours*
Envol des jeunes *: 28 jours après la naissance*

La forme et la couleur de la huppe varient d'une espèce à l'autre.

La coloration rouge du dessous des ailes est due à un pigment à base de cuivre (touracine). Elle est spécifique aux touracos.

◁ TOURACO À JOUES BLANCHES
Cette variété présente des taches blanches caractéristiques sur les joues.

76 GARRULAX À HUPPE BLANCHE

(Garrulax leucolophus)

Surnommé aussi grive-geai à huppe blanche, cet oiseau est apparenté au groupe des grives rieuses. Plein de vie, il est aussi un grand chanteur. Si vous désirez élever plusieurs garrulax dans la même volière, surveillez-les car ils peuvent être batailleurs, surtout en période de reproduction. Faciles à entretenir et résistants une fois acclimatés, ils apprécient les grands espaces plantés. Ils se nourrissent de pâtée universelle et de granulés ramollis pour mainates, ainsi que de fruits, de graines variées et de chènevis. Vous pouvez aussi leur proposer des pommes, des petits pois, ainsi que des carottes râpées, du cassis et des oranges. En période de reproduction, parsemez le sol de la cage d'insectes vivants, les parents se feront un plaisir de les attraper. Ainsi occupés, ils n'attaqueront pas leurs enfants.

CARACTÉRISTIQUES
Longueur *: 30 cm*
Durée de vie *: 10 ans*
Sexage scientifique. *: la femelle a souvent une petite huppe grise.*
Type de nid *: nid*
Incubation *: 13 jours*
Envol des jeunes *: 21 jours après la naissance*

77 ROSSIGNOL DU JAPON

(Leiothrix lutea) Les rossignols du Japon, qui appartiennent à la famille des grives, se distinguent par le chant mélodieux du mâle, notamment en période de reproduction. Donnez-leur des graines pour canaris, de l'alpiste, des grappes de millet trempées, ainsi que des fruits, des vers de farine et de la pâtée pour insectivores. Ils peuvent avoir besoin d'un chauffage d'appoint par temps très froid.

Le jaune de la gorge et de la poitrine varie en intensité selon les individus.

Les femelles ont souvent une couleur plus grise autour des joues. Leur bec est plus rouge.

Les ailes révèlent des teintes dorées même quand elles sont repliées.

CARACTÉRISTIQUES
Longueur *: 15 cm*
Durée de vie *: 10 ans*
Sexage *: scientifique*
Type de nid *: nid ou boîte-nichoir*
Incubation *: 14 jours*
Envol des jeunes *: 14 jours après la naissance*

78 BARBET À HUPPE DE FEU

(Psilopogon pyrolophus) Ces oiseaux de la jungle, également appelés barbus, se plaisent dans un vaste espace planté mais craignent le froid. Ils se nourrissent essentiellement de fruits (pommes, poires, bananes, cerises…), mais aussi de pâtée universelle riche en fer et de vers de farine. Offrez-leur la possibilité de se baigner dans de l'eau toujours fraîche.

Les plumes situées autour du bec (vibrisses) ressemblent à des cheveux.

Les pattes écailleuses indiquent un oiseau adulte.

CARACTÉRISTIQUES
Longueur *: 25 cm*
Durée de vie *: 8 ans*
Sexage *: scientifique*
Type de nid *: boîte-nichoir ou bûche creuse*
Incubation *: 14 jours*
Envol des jeunes *: 20 jours après la naissance*

79 GRAND MAINATE DE JAVA

(Gracula religiosa) Ces oiseaux possèdent un talent remarquable pour imiter le langage articulé et les sons les plus divers. Très résistants, ils détestent cependant le brouillard et l'humidité. Il est donc préférable de les intaller dans une grande volière intérieure. Ils aiment se baigner, ce qui maintient l'éclat de leur plumage. Assurez-vous que les barreaux et les perchoirs sont toujours propres pour éviter les infections des pattes. Nourrissez les grands mainates avec des fruits coupés en petits morceaux, de la pâtée universelle, de la pâtée ou des granulés pour mainates. Ils peuvent apprécier la viande hachée et même les œufs durs, sans oublier les insectes vivants.

CARACTÉRISTIQUES
Longueur : *30 cm*
Durée de vie : *8 ans*
Sexage : *scientifique*
Type de nid : *boîte-nichoir tapissée de tourbe sèche et de foin*
Incubation : *14 jours*
Envol des jeunes : *20 jours après la naissance*

La zone de peau dénudée jaune vif (caroncule) est plus ou moins importante selon les espèces.

Le plumage noir, fortement irisé au soleil, montre des nuances pourpres et vertes.

Des taches blanches peuvent apparaître sur les ailes.

Perruches Ondulées

80 Pie dominante australienne

(Melopsittacus undulatus) Les perruches pies se caractérisent par leur coloris varié avec des combinaisons de vert et de jaune, de bleu et de blanc. Les pies dominantes se reproduisent facilement et un seul parent bariolé suffit pour transmettre ce caractère aux poussins. Les oiseaux ayant des zones étendues de couleur (environ 1,5 cm) sur la poitrine au-dessus des cuisses sont appelés « perruches à bandes ».

◁ Pie dominante vert clair

◁ Pie dominante blanc-bleu

Caractéristiques
Longueur *: 18 cm*
Durée de vie *: 7 ans*
Sexage *: la femelle a des cires brunes au-dessus du bec.*
Type de nid *: boîte-nichoir*
Incubation *: 18 jours*
Envol des jeunes *: 35 jours après la naissance*

81 PERRUCHE ONDULÉE UNICOLORE JAUNE

(Melopsittacus undulatus) Ces perruches jaune clair se distinguent par leurs yeux de couleur prune sombre. Comme les autres perruches, cette variété vigoureuse peut être élevée en volière extérieure toute l'année. Sa nourriture se compose de graines pour perruches à base de millet, de grappes de millet trempées ou germées, et de mouron blanc frais.

CARACTÉRISTIQUES
Longueur *: 18 cm*
Durée de vie *: 7 ans*
Sexage *: la femelle a des cires brunes au-dessus du bec.*
Type de nid *: boîte-nichoir*
Incubation *: 18 jours*
Envol des jeunes *: 35 jours après la naissance*

82 PERRUCHE OPALINE COBALT À HUPPE CIRCULAIRE

(Melopsittacus undulatus) Il existe trois variétés huppées : à huppe circulaire, semi-circulaire et droite. Chacune d'entre elles existe dans toutes les couleurs et nuances. Les bonnes femelles huppées sont difficiles à accoupler : ne jamais accoupler des perruches huppées ensemble. Accouplez toujours une femelle huppée avec un conjoint sans crête. Avant d'exposer ces oiseaux, passez une petite brosse douce sur la huppe.

CARACTÉRISTIQUES
Longueur *: 18 cm*
Durée de vie *: 7 ans*
Sexage *: la femelle a des cires brunes au-dessus du bec.*
Type de nid *: boîte-nichoir*
Incubation *: 18 jours*
Envol des jeunes *: 35 jours après la naissance*

83 Perruche grise

(Melopsittacus undulatus)
On ne rencontre actuellement que la forme dominante de la perruche grise. La mutation récessive a disparu sans doute à cause d'un taux de reproduction trop faible. Les combinaisons de couleurs sont très fréquentes. On voit souvent des oiseaux à face jaune, aux ailes cannelle ou blanches.

La tête large est une des caractéristiques de cette variété.

Le masque comporte des taches distinctes.

Caractéristiques
Longueur *: 18 cm*
Durée de vie *: 7 ans*
Sexage *: la femelle a des cires brunes au-dessus du bec.*
Type de nid *: boîte-nichoir*
Incubation *: 18 jours*
Envol des jeunes *: 35 jours après la naissance*

Les pattes sont grises comme le corps.

84 Perruche ondulée vert clair

(Melopsittacus undulatus) C'est le coloris habituel de la perruche ondulée à l'état sauvage en Australie. Ces oiseaux très sociables aiment vivre en groupe. Leur alimentation se compose de millet, d'alpiste et de gruau d'avoine décortiqué, auxquels vous pouvez ajouter un peu de verdure et des morceaux de pomme. Procurez-leur un bloc iodé destiné à assurer un bon fonctionnement de la thyroïde.

La poitrine présente des zones d'un vert plus pâle ou plus foncé que le reste du corps.

Caractéristiques
Longueur *: 18 cm*
Durée de vie *: 7 ans*
Sexage *: la femelle a des cires brunes au-dessus du bec.*
Type de nid *: boîte-nichoir*
Incubation *: 18 jours*
Envol des jeunes *: 35 jours après la naissance*

85 PIE RÉCESSIVE VIOLETTE DANOISE

(Melopsittacus undulatus) La pie récessive, existe dans toutes les combinaisons connues, y compris dans les nuances foncées. C'est l'une des plus petites variétés de perruches.Le nombre variable de taches sur le masque ou leur absence sont caractéristiques de cette variété. Obtenue en Scandinavie, elle fut exposée pour la première fois au Danemark en 1932, ce qui explique son nom. Robustes, ces oiseaux nécessitent toutefois une source de lumière et un chauffage complémentaire en hiver si vous désirez les élever en volière extérieure.

CARACTÉRISTIQUES
Longueur *: 18 cm*
Durée de vie *: 7 ans*
Sexage *: la femelle a des cires brunes au-dessus du bec.*
Type de nid *: boîte-nichoir*
Incubation *: 18 jours*
Envol des jeunes *: 35 jours après la naissance*

◁ PERRUCHE OPALINE COBALT À FACE JAUNE
Cette variété à face jaune et corps bleu est devenue très populaire. Les cires brun foncé de cette femelle indiquent qu'elle est en période de reproduction.

Grandes Perruches

86 Perruche à tête prune

(*Psittacula cyanocephala*) Espèce robuste ayant un chant mélodieux, la perruche à tête prune est l'hôte parfait pour les volières spacieuses de jardin. Donnez-lui un mélange de graines pour perroquets (tournesol, maïs...), auquel vous ajoutez de l'orge et du blé, sans oublier les fruits et la verdure. Il est très difficile de se procurer un couple reproducteur. Par contre, ils peuvent se reproduire jusqu'à l'âge de 20 ans environ.

La tache prune sur l'aile permet de distinguer cette espèce de la perruche à tête rose ou « en fleur ».

La couleur prune apparaît après plusieurs mues.

Caractéristiques
Longueur *: 33 cm*
Durée de vie *: 25 ans*
Sexage *: la femelle a la tête grise.*
Type de nid *: bûche-nichoir*
Incubation *: 25 jours*
Envol des jeunes *: 50 jours après la naissance*

Le Plumage de la Femelle
Les femelles adultes ont la tête grise. Leurs ailes ne comportent pas de taches prunes.

87 PERRUCHE-SOLEIL

(Aratinga solstitialis) Relativement récents en aviculture, ces oiseaux sont de bons reproducteurs et peuvent maintenant être achetés à des prix raisonnables. Robustes, ils vivent volontiers en volière extérieure. Nourrissez-les avec un mélange de graines pour perroquets et des céréales, sans oublier les apports quotidiens de fruits et de verdure. Procurez-leur un bûchoir-nid pour s'abriter et couver les œufs le moment venu. Après la période de reproduction, remplacez l'abri pour éviter la prolifération de parasites.

La couleur du plumage varie d'un individu à l'autre.

Les ailes des adultes sont la plupart du temps jaunes, tandis que celles des jeunes sont vertes.

Le plumage est vert, à l'exception de celui de la tête et du cou.

Les taches rouges sont plus ou moins importantes selon les individus.

PERRUCHE MITRÉE ▷
(Aratinga mitrata) *Cette perruche fait partie des espèces vertes à taches rouges. Les soins sont les mêmes que pour la perruche-soleil.*

CARACTÉRISTIQUES
Longueur *: 30 cm*
Durée de vie *: 15 ans*
Sexage *: scientifique*
Type de nid *: bûchoir-nid*
Incubation *: 26 jours*
Envol des jeunes *: 56 jours après la naissance*

88 PERRUCHE OMNICOLORE

(*Platycercus eximius*) Cette espèce très colorée est originaire d'Australie et de Tasmanie. C'est la variété la plus colorée d'Eastern Rosella. Elle se plaît dans une grande volière extérieure (environ 4 m), car elle a besoin d'espace pour voler. Nourrissez-la d'alpiste, de tournesol, de millet et de gruau d'avoine, sans oublier un peu de verdure et de la pomme.

La taille des zones de plumes rouges et jaunes sur la poitrine varie selon les individus.

Les plumes de la queue sont très larges jusqu'à leur extrémité.

CARACTÉRISTIQUES
Longueur *: 30 cm*
Durée de vie *: 15 ans*
Sexage *: la femelle est plus terne que le mâle ; les zones rouges sont plus restreintes.*
Type de nid *: bûchoir-nid*
Incubation *: 21 jours*
Envol des jeunes *: 35 jours après la naissance*

89 PERRUCHE CATHERINE OU RAYÉE

(*Bolborhynchus lineola*) Ces oiseaux tranquilles et doux d'Amérique du Sud sont relativement rares en élevage. Plusieurs mutations existent, dont une bleue, qui est très rare.

Offrez-leur une volière spacieuse, abritée et bien plantée, car ils détestent la lumière trop forte. Un chauffage complémentaire est nécessaire par temps très froid.

Les plumes de la queue sont courtes, larges et effilées à leur extrémité.

On les appelle « perruches rayées » à cause des stries noires sur leurs ailes.

CARACTÉRISTIQUES
Longueur *: 15 cm*
Durée de vie *: 10 ans*
Sexage *: scientifique*
Type de nid *: bûchoir-nid*
Incubation *: 18 jours*
Envol des jeunes *: 35 jours après la naissance*

90 PERRUCHE BLEUE À COLLIER

(Psittacula krameri) Très appréciée autrefois par les Indiens, cette superbe mutation est très répandue de nos jours. Le plumage du mâle est identique à celui de la femelle, à l'exception du collier : celui-ci apparaît à l'âge de 3 ans chez les mâles. Il existe des mutations lutinos, albinos blanc pur et gris. Nourrissez ces robustes oiseaux de graines pour perroquets, de céréales, de fruits et de verdure. Offrez-leur une vaste volière pour qu'ils puissent voler.

Le collier permet de distinguer facilement les sexes.

La perruche à collier est de couleur verte. La mutation bleue présentée ici est la plus recherchée.

Les doigts sont sensibles au gel.

CARACTÉRISTIQUES

Longueur : *40 cm*

Durée de vie : *15 ans*

Sexage : *la femelle n'a pas de collier.*

Type de nid : *bûchoir-nid*

Incubation : *24 jours*

Envol des jeunes : *50 jours après la naissance*

△ LE PLUMAGE DE LA FEMELLE
Le collier est absent du plumage de la femelle.

91 PERRUCHE SPLENDIDE

(Neophema splendida) Connu aussi sous le nom de « perruche à poitrine écarlate », cet oiseau est le choix idéal pour les débutants car il s'apprivoise vite en volière. Offrez-lui une alimentation à base de millet et d'alpiste avec un peu de tournesol et de gruau d'avoine, sans oublier un brin de verdure et quelques quartiers de pomme.

Ses grands yeux lui permettent d'être actif à la tombée de la nuit.

Très agile en vol, grâce à ces ailes puissantes, cette perruche est parfois difficile à attraper dans la volière.

CARACTÉRISTIQUES
Longueur : 19 cm
Durée de vie : 12 ans
Sexage : le mâle a la poitrine rouge.
Type de nid : boîte-nichoir
Incubation : 19 jours
Envol des jeunes : 28 jours après la naissance

92 KAKARIKI À FRONT ROUGE

(Cyanoramphus novaezelandiae) À une certaine époque, cet oiseau fut en voie de disparition dans son pays natal, la Nouvelle-Zélande. Prolifique, il se reproduit facilement en captivité, et certains individus ont même été réintroduits dans leur milieu d'origine. Installez les kakarikis dans une grande volière. Assurez-vous que le sol est propre et sec, car ils ont l'habitude de gratter pour rechercher de la nourriture. C'est ce qui les rend sensibles aux parasites.

L'espèce se distingue par les taches rouges de la tête.

Le vert foncé est la couleur dominante sur le corps.

CARACTÉRISTIQUES
Longueur : 28 cm
Durée de vie : 6 ans
Sexage : le mâle est plus gros que la femelle.
Type de nid : boîte-nichoir
Incubation : 19 jours
Envol des jeunes : 42 jours après la naissance

93 CALLOPSITTE

(Nymphicus hollandicus) Originaire d'Australie, la callopsitte est très populaire en Europe. Doué d'un caractère très agréable et enjoué, cet oiseau cohabite facilement avec d'autres espèces. Pensez à vermifuger les oiseaux avant de les lâcher dans la volière, car la callopsitte est très sensible aux vers ronds (ascaris). Offrez-leur un mélange de céréales, de tournesol ainsi que de la verdure et des morceaux de fruits.

La huppe se dresse verticalement quand l'oiseau se pavane ou lorsqu'il est excité.

La tête de la femelle a un coloris plus terne que celle du mâle.

La face ventrale de la queue présente des rayures jaunes.

△ CALLOPSITTE « LUTINOS » *Cette mutation est la variété la plus populaire de la calopsitte. Plus foncés, les « lutinos » sont également appelés « dorés » ou « bouton-d'or ».*

CARACTÉRISTIQUES

Longueur : *30 cm*
Durée de vie : *18 ans*
Sexage : *la femelle a un coloris facial plus terne que celui du mâle.*
Type de nid : *boîte-nichoir*
Incubation : *18 jours*
Envol des jeunes : *28 jours après la naissance*

PERROQUETS ET CACATOÈS

94 INSÉPARABLE À FACE ROSE

(Agapornis roseicollis) Ce petit perroquet se rencontre dans une grande variété de couleurs. C'est un oiseau de compagnie délicieux, surtout s'il a été élevé à la main. Son cri est un peu plus perçant que celui des autres perroquets. Avec un peu de patience, vous pouvez même lui apprendre quelques mots. Offrez-lui un mélange d'alpiste, de millet, de gruau d'avoine, ainsi que du maïs, quelques graines de tournesol et de la verdure. Les couples se reproduisent facilement et peuvent avoir deux couvées par an.

INSÉPARABLE « LUTINOS » À FACE ROSE

CARACTÉRISTIQUES
Longueur *: 15 cm*
Durée de vie *: 10 ans*
Sexage *: scientifique*
Type de nid *: bûche-nichoir*
Incubation *: 23 jours*
Envol des jeunes *: 42 jours après la naissance*

95 PERROQUET GRIS DU GABON

(Psittacus erithacus) Cet oiseau possède un talent exceptionnel pour imiter les sons et la parole. Il est assez robuste pour vivre en volière à l'extérieur, sauf s'il gèle. Cependant, l'apprivoiser n'est pas toujours tâche facile. Offrez-lui un mélange pour perroquets, ainsi que des fruits et de la verdure.

L'adulte a un iris jaune, tandis que celui du jeune est gris.

Les plumes de la queue sont d'un beau rouge vif.

CARACTÉRISTIQUES
Longueur *: 15 cm*
Durée de vie *: 50 ans*
Sexage *: scientifique*
Type de nid *: bûchoir-nichoir*
Incubation *: 29 jours*
Envol des jeunes *: 90 jours après la naissance*

96 AMAZONE À AILES ORANGE

(Amazona amazonica) Originaire d'Amérique du Sud, cet oiseau ressemble à l'amazone à front bleu, plus connue, encore qu'il soit légèrement plus petit. Offrez-lui une volière solide et spacieuse pourvue de nombreux perchoirs, et nourrissez-le avec un mélange pour perroquets.

Les taches sur la tête diffèrent d'un individu à l'autre.

Les plumes orange apparaissent lorsque les ailes sont déployées.

CARACTÉRISTIQUES
Longueur *: 33 cm*
Durée de vie *: 40 ans*
Sexage *: scientifique*
Type de nid *: boîte-nichoir*
Incubation *: 27 jours*
Envol des jeunes *: 50 jours après la naissance*

97 ARA CHLOROPTÈRE

(Ara chloroptera) Ces grands oiseaux très colorés sont originaires d'Amérique centrale et d'Amérique du Sud. Ils s'apprivoisent très bien et s'accouplent facilement. Procurez-vous une volière extérieure ou intérieure particulièrement solide et offrez-leur de grandes quantités de branches à grignoter. Donnez-leur une nourriture à base de graines de tournesol, de maïs, de grappes de millet, de fruits et de verdure, ainsi que des noix et des noisettes. Cette espèce pousse des cris forts mais elle n'est pas sujette à des crises de hurlements prolongées.

Le bec des aras est très puissant.

La coloration verte des ailes distingue cette espèce du ara macao, qui possède des plumes jaunes sur les ailes.

Les longues plumes de la queue peuvent s'effilocher si les perchoirs sont installés trop près du grillage de la volière.

CARACTÉRISTIQUES
Longueur : *90 cm*
Durée de vie : *50 ans*
Sexage : *scientifique*
Type de nid : *boîte solide*
Incubation : *28 jours*
Envol des jeunes : *90 jours après la naissance*

98 LORIQUET DE SWAINSON OU ARC-EN-CIEL

(*Trichoglossus haematodus*) Il existe de nombreuses formes de loriquets « à nuque verte », dits aussi « arc-en-ciel », avec de légères variations de coloris. Une fois acclimatés, ces oiseaux peuvent vivre dans une volière extérieure. Assurez-vous qu'elle soit facile d'entretien, car les loriquets sont assez sales. Donnez-leur une alimentation à base de nectar, avec des morceaux de fruits frais chaque jour et de la verdure, sans oublier des graines telles que des grappes de millet trempées. Leur régime alimentaire doit être assez constant, tout changement brutal peut provoquer des troubles du tube digestifs.

Les rayures sur le corps varient selon les individus.

Les couleurs délicates de l'abdomen contrastent avec celles, plus éclatantes, de la poitrine.

CARACTÉRISTIQUES
Longueur *: 26 cm*
Durée de vie *: 25 ans*
Sexage *: scientifique*
Type de nid *: boîte-nichoir solide*
Incubation *: 25 jours*
Envol des jeunes *: 70 jours après la naissance*

Les rayures varient selon les individus.

Le mâle et la femelle présentent tous deux une zone rouge sur le front.

◁ **LORIQUET DE GOLDIE MÂLE**
(Trichoglossus goldiei) *Cette petite espèce (19 cm de long) est idéale pour une volière de dimension réduite. Un chauffage d'appoint est parfois nécessaire en hiver. Ces oiseaux se reproduisent facilement, comme tous les loris et loriquets.*

99 PERRUCHE-MOINEAU CÉLESTE

(*Forpus coelestis*) Ces petits perroquets sont parfaits si vous disposez de peu de place : ils peuvent même vivre dans une cage. Comme ils sont très agressifs envers leurs congénères, il faut les séparer à l'aide d'un grillage ou d'une plaque de bois. Offrez-leur un mélange pour perruches ondulées, des grappes de millet, de l'alpiste ainsi que des graines de tournesol et des fruits.

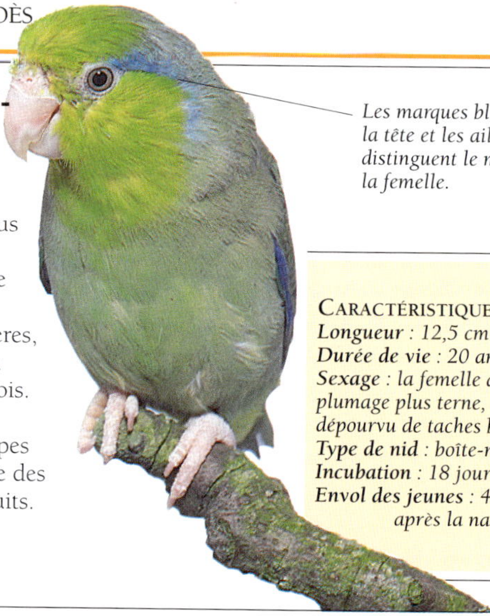

Les marques bleues sur la tête et les ailes distinguent le mâle de la femelle.

CARACTÉRISTIQUES
Longueur *: 12,5 cm*
Durée de vie *: 20 ans*
Sexage *: la femelle a un plumage plus terne, dépourvu de taches bleues.*
Type de nid *: boîte-nichoir*
Incubation *: 18 jours*
Envol des jeunes *: 42 jours après la naissance*

100 LORI BABILLARD

(*Lorius garrulus*) Ces oiseaux, appellés aussi « lori des Moluques », s'apprivoisent même en volière. Ils ont besoin de nectar une ou deux fois par jour. Donnez-leur également des fruits frais, de la verdure et des petites graines, ainsi que des vers de farine dont ils nourrissent leurs oisillons. Comme ils sont très destructeurs, offrez-leur des perchoirs solides, que vous changerez dès qu'ils deviennent poisseux.

La tache jaune sur le dos de cet oiseau indique qu'il appartient à la variété des loris à dos jaune.

Les pattes et les ongles sont gris.

CARACTÉRISTIQUES
Longueur *: 30 cm*
Durée de vie *: 25 ans*
Sexage *: scientifique*
Type de nid *: boîte-nichoir solide*
Incubation *: 28 jours*
Envol des jeunes *: 70 jours après la naissance*

101 CACATOÈS À HUPPE BLANCHE

(*Cacatua alba*) Cet oiseau spectaculaire est un des plus grands cacatoès. Une fois acclimatés, ces oiseaux vigoureux peuvent vivre en volière extérieure. Attention cependant, leurs cris stridents pourraient gêner vos voisins. Il leur faut des volières solides qui résistent aux dommages causés par leurs puissants becs. Donnez-leur des morceaux de bois tendre pour qu'ils puissent les mâchouiller. Nourrissez-les avec un mélange de graines pour perroquets, des quartiers de fruits et de la verdure.

Ses pattes grises contrastent avec son plumage entièrement blanc.

Leur huppe large est blanche comme le reste du corps.

Cette zone est dépourvue de plumes.

CARACTÉRISTIQUES
Longueur *: 30 cm*
Durée de vie *: 40 ans*
Sexage *: les yeux des femelles sont généralement brun-rouge.*
Type de nid *: boîte-nichoir solide*
Incubation *: 28 jours*
Envol des jeunes *: 80 jours après la naissance*

INDEX

Crédits Photographiques

Photographies

Code : h *haut*, b *bas*, c *centre*, d *droite*, g *gauche*.

L'ensemble des photographies a été réalisé par Cyril Laubscher excepté :
Paul Bricknell 4, 7, 11l, 12hg, 13hg, 13hd, 14, 15h, 16hd, 16bc, 16bd, 17cg, 17bg, 18, 20hd, 20bd, 22hg, 22hc, 22hd, 22cg, 23bg, 23bd, 24bc, 25hg, 25bd, 26hg, 26cg, 26cd, 26cc, 27bd, 29, 30, 31, 32, 36hd, 39hg, 39cg, 46h ; Peter Chadwick 33cg, 38cc, 38cd ; Andy Crawford 15bd, 24, 25, 27, 35cc, 35cd, 35bd, 38cg, 38bc, 38bd ; Colin Keates 26bd ; Dave King 19hd.

Illustrations

L'ensemble des illustrations a été réalisé par Hardlines, Oxford.